Gli anemoni

Il romanzo di viaggi e d'avventura

Collana di narrativa a cura di

Manuela Botto e Maria Fortunato

James Oliver Curwood

Kazan

a cura di
Cinzia Ballesio

Quaderno delle attività

Principato

Direzione editoriale: Franco Menin
Redazione: Silvana Mambretti
Progetto grafico: Roberto Ducci
Impaginazione: Enrico Busca, Vincenzo Pepe

Prima edizione: gennaio 2004

Ristampe

2009	2008	2007	2006
IV	III	II	I

Printed in Italy

Casa Editrice G. Principato S.p.A.
Via G.B. Fauché 10 - 20154 Milano

CISQ CERT UNI EN ISO 9001

http://www.principato.it
e-mail: info@principato.it

Stampa: CDSlibri - Novate Milanese (MI)

1. Il cane lupo

Comprensione

Segna con una crocetta la risposta che ritieni esatta.

1 Kazan è

a un magnifico lupo della steppa addomesticato
b una splendida bestia, per un quarto lupo e per tre quarti cane husky
c un cane selvaggio

2 Isabel è

a la giovane donna dagli occhi azzurri che ha ritrovato Kazan
b una giovane donna esquimese che vive in una capanna
c la vecchia padrona di Kazan

3 Il «baule bizzarro», con «una fila di denti bianchi allineati di piatto» che attrae l'attenzione di Kazan è

a un trofeo di caccia   b un pianoforte   c un mobile decorato

4 Kazan cerca di farsi più piccolo possibile perché

a non vuole farsi vedere
b ha paura di essere picchiato
c vuole infilarsi sotto il «baule»

Analisi

I personaggi

Utilizzando le parole del testo, descrivi i seguenti personaggi:

Kazan ____

Isabel ____

Il padrone ____

Spunti per la produzione

L'ambiente in cui prende avvio la vicenda è una «bella casa». Sottolinea nel testo gli elementi della descrizione, poi fanne un quadro in circa 30 parole.

2. Ritorno alla Terra del Nord

Comprensione

Segna con una crocetta la risposta che ritieni esatta.

1 Thorpe si trova nella casa

a per iniziare una nuova stagione di caccia
b per riposarsi accanto alla giovane moglie lontano dalla Terra del Nord
c per scrivere un libro sugli animali selvatici

2 Il cambiamento che rende indaffarata Isabel e provoca disagio in Kazan è dovuto

a all'arrivo di ospiti inattesi
b ai preparativi per la partenza di Isabel e Thorpe
c all'inizio della stagione delle piogge

3 Mc Cready è

a la guida che deve accompagnare Thorpe e Isabel fino all'accampamento del Fiume Rosso.
b un cercatore d'oro
c il nuovo assistente di Thorpe per i lavori alla ferrovia

4 La ferrovia transcontinentale di cui Thorpe dirige i lavori collegherà

a le due coste degli Stati Uniti
b l'Alaska e il Canada
c l'Atlantico con il Pacifico attraverso il Canada

5 Thorpe avrebbe preferito la guida indiana Jackpine perché

a gli indiani conoscono meglio il territorio e si sanno orientare con maggiore facilità
b è stata la sua guida fidata per molto tempo
c Mc Cready è un tipo strano che non gli ispira fiducia

Analisi

I personaggi

1 In questo capitolo compare un nuovo personaggio, la guida Mc Cready. Evidenzia nel testo le parti in cui compare e completa lo schema seguente.

descrizione fisica	azioni/comportamenti	carattere

2 L'arrivo di Mc Cready suscita sensazioni e comportamenti differenti negli altri personaggi. Individuali nel testo e completa la tabella.

personaggio	stato d'animo	comportamento
Isabel		
Thorpe		
Kazan		

Approfondimento

Arricchiamo il lessico

Nel testo ci sono parole che, utilizzate in un altro contesto, possono assumere un diverso significato o una sfumatura differente. Completa la seguente tabella, spiegando il significato della parola in neretto (aiutati con il vocabolario).

	significato nel testo	altro possibile significato
… gli mancava la sua esistenza di un tempo quando, alla testa della **muta**…		
… si aspettava di sentire il sibilo sinistro della **frusta**…		
… il padrone lo seguì ridendo e borbottando: «Che **filibustiere**!»		

3. Il duello

Comprensione

Segna con una crocetta la risposta che ritieni esatta.

1 Il sogno di Kazan dimostra chiaramente che Mc Cready è
- a una delle migliori guide della zona
- b un pericoloso criminale pronto a tutto
- c un ex galeotto, diventato esperto di costruzioni ferroviarie

2 Quando Thorpe vede Isabel a terra pensa che sia caduta perché
- a è inciampata
- b è stata assalita da Kazan
- c Kazan l'ha involontariamente urtata mentre si lanciava contro Mc Cready

3 Kazan è umiliato e abbattuto perché
- a la sua padrona lo evita e si tiene lontana da lui
- b non trova il coraggio di ribellarsi
- c non era mai stato picchiato così selvaggiamente

4 Kazan non si stupisce che Mc Cready torni solo dal bosco perché
- a un cane non può avere pensieri complessi
- b conosceva bene Mc Cready e l'aveva già visto in azione
- c non ha sentito alcun rumore se non lo scricchiolìo dei passi sulla neve

5 Kazan uccide Mc Cready
- a perché lo odia profondamente
- b per salvare la povera Isabel, dopo che lei ha invocato il suo aiuto
- c per correre in aiuto di Thorpe

6 Dopo la morte di Mc Cready
- a Kazan fugge nel bosco temendo di essere bastonato di nuovo
- b Thorpe e Isabel capiscono quanto sia stato prezioso l'aiuto di Kazan e decidono di tenerlo con loro
- c Thorpe rinuncia all'incarico della Compagnia ferroviaria

Analisi

I personaggi

Il perfido Mc Cready è uno dei protagonisti di questo capitolo e spesso attraverso la sua descrizione fisica lo scrittore sottolinea aspetti del suo carattere. Individua nel testo gli elementi descrittivi a lui riferiti e completa le seguenti frasi.

1 L'effetto del whisky si faceva sentire, e i suoi occhi ____.

2 Kazan sapeva con certezza che Mc Cready e l'uomo dalle mani legate con anelli di ferro ______________________.

3 [...] le fiamme illuminavano il suo volto, in cui i denti ____.

4 [...] bevve ancora qualche sorsata per ____________, mentre parole incomprensibili ______________________ e gli occhi ____.

Spunti per la produzione

Finalmente il perfido Mc Cready esce di scena. Completa la descrizione con non più di 50 parole, utilizzando nell'ordine le seguenti parole: *guida, galeotto, padrone, whisky, tranello, bosco, tenda, schiena.*

Mc Cready, la nuova *guida* di Thorpe e Isabel, è in realtà un pericoloso ex *galeotto.* Un tempo... (continua tu).

4. Libero dalla schiavitù

Comprensione

Segna con una crocetta la risposta che ritieni esatta.

1 Kazan si avvicina all'accampamento

a perché vorrebbe tornare, ma è impaurito per quanto è successo
b è attirato dall'odore del sangue
c è alla ricerca di cibo

2 Thorpe tiene in mano un fucile

a perché si sta preparando per la caccia
b vuole uscire alla ricerca di Kazan per abbatterlo
c è terrorizzato da quanto è accaduto e vuole essere pronto in caso di nuovi pericoli

3 Isabel è certa che

a Kazan ritornerà perché le è affezionato
b Kazan ha ucciso per difenderla
c Thorpe non la lascerà mai più sola

Analisi

I personaggi

Completa il seguente schema.

personaggi	comportamento e stato d'animo
Kazan	
Thorpe	
Isabel	

La struttura

Dividi questo breve capitolo in sequenze e dai un titolo a ciascuna di esse.

sequenze	titolo
«Kazan errò nel mistero [...] pronto a mordere»	Lo sgomento di Kazan
«Per tre volte [...] regnare tutto intorno»	____________
____________	Un dolce sonno
____________	____________
«Dalle profondità [...] Kazan»	____________

5. L'incontro di Kazan e Lupa Grigia

Comprensione

Segna con una crocetta la risposta che ritieni esatta.

1 Kazan, solo nella foresta, rimpiange
- a tutte le comodità della sua vita di cane
- b le tenerezze di Isabel
- c la compagnia degli altri cani da slitta

2 Quando Kazan trova sul terreno i resti di alcuni uccelli
- a è disgustato da quei resti ormai putrefatti
- b capisce di non essere il solo cacciatore della regione
- c si guarda intorno per vedere se ci siano altre eventuali prede

3 Kazan sente un ululato simile al suo in lontananza e
- a si prepara a rispondere ma, per prudenza, rimane silenziosamente in ascolto
- b si unisce al branco di lupi per la caccia notturna
- c risponde immediatamente al richiamo selvaggio del suo vecchio branco

4 Kazan si rotola sul terreno intriso di sangue tra i resti degli animali uccisi
- a per impregnarsi di quegli odori selvatici e perdere quelli ancora legati alla sua vita con gli uomini
- b per impregnarsi di quegli odori selvatici e sentirsi di nuovo un lupo
- c perché è felice di avere riacquistato di nuovo la libertà

5 Durante il duello con il vecchio lupo Kazan si lascia cadere a terra con gli occhi semichiusi perché
- a è sfinito per la lunga battaglia con un animale più forte di lui
- b finge di essere tramortito per ingannare l'avversario e assalirlo a sorpresa
- c ha capito di aver perso e finge di essere morto per non essere ucciso

6 Lo scontro con il vecchio lupo si conclude con

a l'incontro con la bella e giovane Lupa Grigia
b la morte del vecchio lupo che viene divorato dai suoi stessi compagni
c la vittoria di Kazan e il suo incontro con una giovane lupa

Analisi

Gli ambienti

Individua nel testo gli elementi relativi all'ambiente in cui si svolge questo episodio e completa la tabella.

luoghi	foresta, rive di una palude gelata…
luci	aurora, oscurità della foresta…
colori	sangue rosso…
rumori	grido lontano…

I personaggi

Ricerca nel testo gli aggettivi e le azioni riferiti a Lupa Grigia e completa la seguente tabella.

aggettivi	azioni
giovane, agile…	gli si avvicina, si distende dinanzi a lui

Approfondimento

Arricchiamo il lessico

Rintraccia nella rubrica a p. 41 le seguenti parole, poi collega con una freccia ognuna di esse al rispettivo significato.

identità	capo
habitat	esempio che si ripete sempre uguale
stereotipo	studio delle abitudini degli animali
bubbole	desiderio, istinto
etologia	rappresentazioni grafiche di suoni
velleità	che ha cattive intenzioni
strategia	stupidaggini
leader	ambiente
sonogrammi	programma, progetto di azione
malintenzionato	caratteristica fondamentale, modo di essere

Spunti per la produzione

Descrivi Lupa Grigia in non più di cinque righe: puoi partire dalla tabella dell'esercizio di Analisi, I personaggi.

6. L'attacco alla slitta

Comprensione

Rispondi alle seguenti domande.

1 Perché Lupa Grigia e Kazan non si cibano dei resti del caribù conservati dal ghiaccio?

____

2 Trovata la pista dell'uomo, Kazan comincia ad ululare. Chi vuole avvertire e quali sono le sue intenzioni?

____

____

3 Che cosa sono le «farfalle della morte» e perché, secondo te, sono definite in questo modo?

____

____

4 Nel pieno dell'attacco alla slitta Kazan rimane come pietrificato. Che cosa è successo?

____

____

5 Perché Kazan incomincia a combattere contro i lupi che lui stesso aveva guidato all'attacco contro la slitta?

____

____

6 Che cosa fa Lupa Grigia per cercare di alleviare le sofferenze del suo compagno?

____

Analisi

I personaggi

1 In questo capitolo compaiono tre nuovi personaggi. Chi sono e che cosa fanno? Completa la tabella, per quanto è possibile.

	caratteristiche	azioni
Il padre		
Joan		
La bambina		

2 Rileggi il dialogo di Joan con suo padre, riporta le cose dette e poi, con parole tue, definisci il loro stato d'animo.

	affermazioni	stato d'animo
Joan		
Pierre		

La struttura

Il capitolo contiene numerose indicazioni di tempo che danno il senso dello sviluppo della vicenda. Individuale nel testo e prova a fare una sintesi seguendo lo sviluppo cronologico. Il lavoro è già avviato.

tempo	sintesi
quella notte	Lupa Grigia e Kazan si rifugiano nella foresta.
All'alba	Cade una fitta nevicata e i due animali vanno alla ricerca di cibo, diffidando di eventuali resti abbandonati perché ______ ______

Nel corso della terza notte	
Poi, accadde un fatto inaspettato	
Il giorno dopo	
Per tre giorni	
la terza notte	
Per la prima volta nella sua vita	
Quando la battaglia ebbe fine	

Spunti per la produzione

Dopo avere organizzato e guidato l'attacco alla slitta, Kazan si accorge che sta facendo qualcosa che va contro la sua natura di cane lupo. Immedèsimati in Kazan, immaginando di essere un cane e...

7. Kazan ritrova la carezza di Joan

Comprensione

Segna con una crocetta la risposta che ritieni esatta.

1 Che cos'è la «ferita mortale, dentro il petto» che preoccupa Pierre più delle ferite causate dall'attacco dei lupi?

a Una terribile malattia che non lascia scampo: la tubercolosi
b L'angoscia per il timore di nuovi pericoli
c Il dolore per la morte della moglie

2 Quale spiegazione danno Pierre e la figlia a proposito dell'atteggiamento di Kazan?

a Pensano che Kazan li abbia difesi perché non è un lupo, ma un cane inselvatichito, che ha risposto al suo istinto di amico dell'uomo
b Sono convinti che sia stato impietosito dal pianto della bambina, simile a quello dei suoi cuccioli
c Non viene data alcuna spiegazione

3 Perché Kazan teme di più gli uomini delle donne?

a Perché sa che le donne sono più deboli
b Perché per lui gli uomini rappresentano la violenza e le percosse
c Non è affatto vero, li teme entrambi

4 Perché Lupa Grigia abbandona Kazan?

a Perché ha trovato un nuovo compagno
b Perché in lei prevale l'istinto del lupo ed ha paura dell'uomo
c Perché in lei prevale l'istinto del lupo e non può fare a meno del branco

5 Perché Pierre è molto preoccupato?

a Perché teme che Kazan, una volta guarito, possa essere pericoloso per Joan e la bambina
b Per il continuo peggioramento della sua malattia
c Perché il luogo dove sono diretti è ancora molto lontano e teme che le forze lo abbandonino

Analisi

I personaggi

1 Ripercorri le azioni compiute da Pierre Radisson in questo capitolo e per ciascuna di esse indica, con parole tue, lo stato d'animo corrispondente.

azioni	stato d'animo

2 Indica le azioni compiute da Lupa Grigia e prova, con parole tue, a darne una spiegazione.

azioni	motivazioni

Approfondimento

Arricchiamo il lessico

Ricerca nel testo le espressioni riportate qui di seguito e spiegane il significato indicando a chi o a che cosa sono riferite.

espressione del testo	è riferita a...	significa
il vecchio cacciatore di fiere	Pierre Radisson	Pierre, oltre ad essere piuttosto anziano, è un cacciatore molto esperto
splendevano nella notte come due stelle	gli occhi di Joan	
si è mutato in nostro difensore		
provò una sensazione di sollievo e di tenerezza		
il nostro eroe		
il petto sembrava spezzarglisi per il dolore		
chiamava il compagno perduto		

8. La morte nel Wilderness

Comprensione

Rispondi alle seguenti domande.

1 Perché Pierre alleggerisce la slitta lasciando solamente lo stretto necessario?

____

____

2 Come è possibile che Kazan conosca la gravità della malattia di Pierre?

____

____

3 Quale motivo induce Pierre a descrivere con precisione alla figlia il percorso che li separa ancora dalla loro meta?

____

____

4 Perché Kazan avrebbe preferito che il vecchio Pierre fosse rimasto insieme a lui vicino al fuoco invece di entrare nella tenda?

____

____

Analisi

I personaggi

Tutto il capitolo è attraversato dalla presenza, sempre più vicina, della morte e ogni personaggio intuisce che sta per accadere qualcosa di terribile. Individua nel testo le espressioni più significative relative a comportamenti o parole dei singoli personaggi.

Pierre	
Joan	
Kazan	

Approfondimento

Colleghiamoci con Scienze

Alla p. 63 hai letto un breve testo scientifico sulla tubercolosi. Utilizzando il vocabolario, o facendoti aiutare dalla tua insegnante di Scienze, trova la definizione esatta delle seguenti parole e poi inventa una frase per ognuna.

infezione ______________________________

____

antibiotici ______________________________

____

batterio ______________________________

____

farmacologia ______________________________

____

sintomo ______________________________

____

prevenzione ______________________________

____

9. Sul fiume di ghiaccio

Comprensione

Segna con una crocetta la risposta che ritieni esatta.

1 Quando Joan si sveglia

- a si accorge immediatamente della morte del padre
- b pensa che il padre stia ancora dormendo e cerca di non fare rumore
- c si mette ad urlare

2 Joan è disperata, ma non ha tempo per piangere perché

- a deve pensare a mettersi in salvo con la sua bambina raggiungendo al più presto la sua meta
- b deve pensare a procurarsi del cibo e a non lasciare spegnere il fuoco
- c deve assolutamente trovare qualcuno che l'aiuti e la conduca in salvo

3 Il viaggio è più faticoso del previsto perché

- a Joan non riesce a trovare la strada giusta e quindi percorre molte miglia in più
- b la slitta è troppo pesante e ci si deve fermare molto spesso
- c durante la notte è caduta molta neve e si è levato un forte e gelido vento contrario

4 Quando Joan sviene, stremata dal freddo e dalla fatica

- a Kazan cerca di rianimarla mugolando e si mette a tirare la slitta riuscendo ad arrivare a destinazione
- b Kazan cerca più volte di rianimarla e poi si accuccia sulla slitta vicino alla donna e alla bambina
- c fiuta qualcosa nell'aria e corre in quella direzione per chiedere aiuto

5 Per qualche giorno, dopo l'arrivo alla capanna, Kazan non riesce a decidere se restare con gli uomini o ritornare alla vita selvaggia con Lupa Grigia perché

- a è combattuto tra la comoda vita di cane e la vita selvaggia di lupo
- b teme la durezza della vita selvaggia delle foreste del Nord
- c è condizionato dalla sua doppia natura di cane lupo

6 Lupa Grigia e Kazan stabiliscono la loro tana

- a poco lontano dalla capanna di Joan
- b in una caverna sulla cima di una grande montagna
- c in una grotta alla base del Sun Rock

Analisi

I personaggi

Joan si dimostra coraggiosa nell'affrontare l'ultima parte del viaggio dopo la morte del padre. Individua nel testo le azioni da lei compiute e prova a spiegarle con parole tue completando la tabella.

azioni	spiegazione
doveva agire	Si rende conto che deve fare qualcosa
si rialzò bruscamente	______________________ ______________________
ricordò tutto	cerca di ricordare con precisione le indicazioni che il padre le aveva dato sul viaggio
Si avvicinò alle ceneri spente per riaccendere il fuoco	______________________ ______________________
______________________ ______________________	______________________ ______________________
______________________ ______________________	______________________ ______________________
______________________ ______________________	______________________ ______________________
______________________ ______________________	______________________ ______________________
______________________ ______________________	______________________ ______________________

L'ambiente

La morte di Pierre complica il ritorno verso casa e il viaggio di quindici miglia si svolge in un ambiente piuttosto ostile. Ricostruisci il testo scegliendo le parole giuste tra quelle elencate:

a perdita d'occhio, nord-est, fiume, mare, implacabile, albero, sinistro, vento, sud-ovest, roccia, ghiaccio, ghiacciaio, destro, caverna, mare, buche, torrente, tiepido, serpeggiava, semioscurità, neve, fiume, tagliente, faticosa, quindici miglia, bosco

Joan ricordò tutto quello che il padre le aveva detto la notte precedente: ________________ da raggiungere ad ogni costo, le ______ d'aria da evitare, la capanna che distava ________________.
Joan lanciò un lungo sguardo disperato verso il Barrens, che si stendeva ________________________ dinanzi a lei.
Il viaggio non si presentava molto facile e la strada era ______________ e lenta perché la ______, caduta la sera prima, era ancora molle e il ______ del Nord aveva formato grossi mucchi. Finalmente il ______ fu raggiunto e la slitta procedette più veloce sul ______, ma non tardò a soffiare un vento proveniente da ________ e Joan fu costretta a chinare la testa per resistere alla sua violenza.
Ora il ____________ era lontano dietro di lei, quasi scomparso nella ____________ di una nebbia biancastra e non vi era ormai più che il Barrens ____________, nudo, attraverso il quale __________________ il fiume di ghiaccio. Se almeno vi fosse stato qualche ____________ in quel paesaggio desolato.

Approfondimento

Arricchiamo il lessico

Spiega le seguenti espressioni:

«si stendeva a perdita d'occhio» ______________________________

____

«chiudersi come una cappa di piombo» __________________________

____

10. La grande novità

Comprensione

Rispondi alle seguenti domande.

1 Perché Lupa Grigia considera la voce di Joan la sua peggiore nemica?

2 Kazan è affezionato a Joan ed alla sua famiglia, ma odia il luogo in cui vivono. Perché?

3 Perché Joan trattiene Kazan nella capanna durante la notte?

4 Che cos'è la grande novità a cui allude il titolo?

Analisi

Gli ambienti

Il capitolo si apre con la descrizione dell'inizio della primavera attraverso varie percezioni sensoriali. Completa la seguente tabella.

luci	odori	suoni

La struttura

Completa la seguente tabella, che riporta le quattro sequenze in cui abbiamo diviso il racconto.

inizio	titolo	sintesi
«La natura si risvegliava»		
«Un giorno, mentre il nostro eroe…»		
«L'istinto di conservazione del Wild»		
«… ma, quando la mattina dopo…»		

I personaggi

Lupa Grigia si comporta in modo diverso dal solito, è nervosa, inquieta. Individua le azioni che ti sembrano inconsuete e confrontale con quelle sue abituali, completando la tabella.

azioni inconsuete	azioni abituali
Volge la schiena a Kazan e si rannicchia in fondo alla tana	Si avvicina al compagno per trattenerlo
	______________________
Ringhia minacciosamente	______________________
	Va incontro al compagno che torna dalla capanna
______________________	
______________________	______________________
Si lamenta	______________________

Spunti per la produzione

Nel testo, e non solo in questo capitolo, compare la piccola Janet, la cui descrizione è appena accennata. Scrivi tu un suo ritratto, così come te la immagini.

11. La tragedia sul Sun Rock

Comprensione

Segna con una crocetta la risposta che ritieni esatta.

1 Kazan capisce che, dopo la nascita dei cuccioli, dovrà cacciare senza Lupa Grigia perché

- a la madre non può lasciare i cuccioli da soli
- b è stanca e non sarebbe di nessun aiuto
- c fra i lupi, dopo la nascita della cucciolata, la caccia spetta al maschio

2 Joan e il marito sono pronti per la partenza ma

- a si accorgono di non poter partire senza Kazan
- b devono rimandarla di almeno otto giorni perché il fiume non è navigabile
- c devono ancora procurarsi le provviste per il viaggio

3 Gli Indiani chiamano "Rapido" la lince perché

- a è molto più veloce di un lupo
- b è l'essere più pronto e agile del Wilderness
- c nella loro lingua il nome significa "il più feroce"

4 Dopo la caduta dalla roccia Kazan si avvicina cautamente alla lince perché

- a teme che la sua temibile avversaria faccia finta di essere morta ma in realtà si stia preparando a riprendere la lotta
- b il terreno è molto accidentato e teme di precipitare di nuovo
- c sa di avere di fronte un avversario astuto e pericoloso

5 La lince ha provocato una tragedia, infatti

- a ha fatto a pezzi i tre cucciolotti e ferito Kazan e Lupa Grigia
- b non solo ha ucciso i cuccioli, ma ha accecato Lupa Grigia
- c oltre ad avere ucciso i cuccioli e ferito i due lupi, ha anche distrutto la loro tana

6 Lupa Grigia si sente sicura solo a fianco di Kazan perché

- a capisce che è ancora viva solamente grazie al suo aiuto
- b non è più in grado di camminare da sola e deve imparare ad orientarsi pur non vedendoci più
- c sa che solo lui la può difendere

7 Kazan fugge dalla piroga saltando in acqua perché

a ha visto Lupa Grigia sulla riva
b vuole portare a Lupa Grigia un pesce intravisto a pelo d'acqua
c non è mai salito su una barca ed è terrorizzato

Analisi

Gli ambienti e i personaggi

Descrivi i luoghi dove si svolgono i fatti raccontati in questo capitolo, completando, dove possibile, lo schema seguente.

luogo	descrizione	stato d'animo	suoni	colori
		Joan		
		Il marito		
		Kazan		
		Lupa Grigia		

Approfondimento

Arricchiamo il lessico

Collega con una freccia ognuno degli aggettivi elencati con il suo contrario.

peggiore	intoccabile
carezzevole	liscio
peloso	migliore
ruvido	glabro
misterioso	artificiale
impervio	rado
folto	evidente
naturale	agevole

12. L'incendio

Comprensione

Rispondi alle seguenti domande.

1 Quali colpe attribuisce Kazan alla lince?

2 Che cosa trova Kazan vicino alla capanna e perché ne è felice?

3 Perché, contrariamente al solito, Kazan accompagna Lupa Grigia sul luogo dove ha catturato la sua preda?

4 Come mai Lupa Grigia, pur non vedendo nulla, si accorge per prima dell'incendio che sta divampando?

5 Che cosa fa Kazan quando capisce che Lupa Grigia non si sarebbe mai buttata in acqua?

6 Quale tattica adotta Kazan per eliminare la lince?

7 Che cosa succede quando si dirada il fumo dissipato dal vento?

____

____

Analisi

I personaggi e gli ambienti

1 Joan è partita con tutta la famiglia lasciando la capanna: quali elementi ne evidenziano lo stato di abbandono? Completa.

La porta ____________ . ________________ erano sempre inchiodati sulle imposte delle ____________ dal ____________ non si innalzava verso il cielo alcuna ____________; rampicanti cominciavano a ricoprire il ____________ e ____________ e l'odore dell' ____________ diventava sempre più ____________.

2 L'incendio della foresta provoca la fuga di tutti gli animali che la popolano e che cercano di salvarsi in modi differenti. Completa la tabella.

animale	azioni compiute
alci, renne, daini e caribù	
un grosso orso nero	
Kazan e Lupa Grigia	
gatto pescatore	
centinaia di ermellini	
numerose volpi	
lupi	
una grossa lince	
tre porcospini	

Approfondimento

Arricchiamo il lessico

Sostituisci con un sinonimo appropriato o con espressioni equivalenti le parole in grassetto.

[...] come quei ricordi **vaghi**/ ______________ che sorgono in noi **simili a**/ ______________ fuochi nella notte.
Capiva che doveva scegliere un terreno **facilmente accessibile**/ ______________ e piano/ ______________ per le zampe di Lupa Grigia.
[...] trovò un **minuscolo**/ ______________ mocassino che era **appartenuto**/ ______________ alla bambina.

Alla fine il fumo si **diradò**/ ______________ e il vento, che aveva **cambiato**/ ______________ direzione, lo **dissipò**/ ______________ rinfrescando l'**atmosfera**/ ______________.

Colleghiamoci con Scienze

Dal testo di p. 89 hai appreso quanto sia importante il caribù per le popolazioni dei territori più settentrionali. Per parlare della nostra cultura, senz'altro saprai che anche il maiale è un animale utilissimo, dalle grandi risorse, del quale – si dice – non viene sprecato quasi nulla. Conosci altri animali di cui si utilizza in pratica tutto? Insieme ai tuoi compagni e con l'aiuto degli insegnanti, raccogli informazioni su questi e altri animali e poi completa lo schema che segue.

animale	parte anatomica	utilizzo
caribù		
maiale		
altri animali ______________ ______________ ______________		

13. Il professor Paul Weyman fotografa Kazan e Lupa Grigia

Comprensione

Segna con una crocetta la risposta che ritieni esatta.

1 Henri Loti è di umor nero perché

a non ha nessuna voglia di avere un ospite
b la caccia non sta dando i risultati sperati
c la caccia è disturbata dalle scorribande di due strani lupi

2 Paul Weyman è uno studioso celebre in tutto il Canada per

a le sue audaci affermazioni sull'istinto degli animali
b la scoperta di nuove cure mediche contro la tubercolosi
c le sue convinzioni sull'intelligenza e la capacità di ragionamento degli animali

3 Lupa Grigia e Kazan sono catturati

a grazie a molte trappole senza esche disseminate intorno a quella destinata alla lince
b perché, vinti dalla fame, si avvicinano troppo alla capanna degli uomini
c perché Henri, seguendo i consigli di Paul, dissemina di trappole la zona di caccia

4 Il professor Weyman libera i due lupi perché

a capisce che la lupa si sta lasciando morire di fame e, se liberata da sola, non riuscirebbe a sopravvivere
b si rende conto che i due lupi non hanno alcuna utilità per i suoi studi
c si commuove pensando a come si sarebbe comportata la sua fidanzata

Analisi

I personaggi

Il capitolo presenta due nuovi personaggi: entrambi vivono a contatto con la natura, ma hanno idee e atteggiamenti diversi. Completa la tabella, che segue, individuando nel testo i vari elementi.

personaggio	caratteristiche	azioni	idee
Henri Loti	cacciatore, meticcio __________ __________ __________ __________ __________ __________		
Paul Weyman	zoologo, 33 anni __________ __________ __________ __________ __________ __________		

Approfondimento

Arricchiamo il lessico

Individua nel testo le seguenti espressioni, indica a chi sono riferite e spiegane il significato con parole tue.

– «una specie di paese della cuccagna»

si riferisce a ______________________________

significa ______________________________

– «diventano dei diavoli»

si riferisce a ______________________________

significa ______________________________

– «tutto il suo repertorio di maledizioni in lingua inglese e francese»

si riferisce a ______________________________

significa ______________________________

– «ignoti birbanti»

si riferisce a ____

significa ____

Spunti per la produzione

Sulla base della tabella di Analisi, scrivi un breve testo descrittivo, mettendo a confronto i due personaggi di Henri e Paul.

14. La Morte Rossa

Comprensione

Rispondi alle seguenti domande.

1 Che cosa fanno gli abitanti del Northland di fronte al dilagare della Morte Rossa?

____

____

2 Quale significato ha la striscia rossa di stoffa bene in vista su case e capanne?

____

3 Che cosa permette a Lupa Grigia di aiutare Kazan nella caccia?

____

____

4 Perché Kazan ha più difficoltà di Lupa Grigia nel sopportare la fame?

____

5 Quali animali non riescono a ripararsi dall'uragano e perché?

____

____

Analisi

I personaggi e gli ambienti

1 Il freddo è sempre più intenso... Riporta le parole del testo che ne descrivono le conseguenze tra gli animali.

Kazan e Lupa Grigia

____

____

Pernici

____

____

Conigli bianchi

____

____

Animali da pelliccia

____

____

2 Come se il freddo non bastasse, arriva anche una bufera. Indica quali conseguenze provoca sull'ambiente e sugli esseri viventi. Il lavoro è già avviato.

ambiente	animali
La temperatura… I turbini di vento…	Se un essere umano fosse rimasto all'aperto…

Approfondimento

Arricchiamo il lessico

Dopo aver riletto il testo di p. 109, spiega il significato delle parole riportate nella prima colonna della tabella che segue, e poi inventa una frase per ciascuna di esse. Aiutati con il vocabolario.

parola	significato	frase
epidemia		
strage		
vaccino		
sfigurato		
contagiosa		
innocuo		
immunità		
esperimento		
efficace		
vesciche		

Colleghiamoci con Italiano, Storia e Scienze

Nel corso dei secoli l'uomo ha dovuto affrontare molte terribili malattie, alcune delle quali, come il vaiolo, sono oggi scomparse. Anche la peste ha rappresentato per molti secoli, in misura ancora più devastante del vaiolo, un terribile flagello. Ne hai mai sentito parlare?
Facendoti guidare dai tuoi insegnanti prova a raccogliere informazioni sulla peste e le pestilenze.
Noi ti daremo delle parole-chiave, degli indizi, che tu ad un certo punto capirai...

Atene, pulci, 1945, 1300, Tacito, Seicento, *I promessi sposi*, Alessandro Manzoni, Roma, Boccaccio, batterio, topi, Tucidide, untori

15. La pista della fame

Comprensione

Segna con una crocetta la risposta che ritieni esatta.

1 Kazan e Lupa Grigia sono a digiuno da

a più di una settimana
b più di cinque giorni
c cinque giorni esatti

2 La volpe non attrae i due lupi come preda perché

a i lupi non si ciberebbero mai di una volpe
a Kazan e Lupa Grigia sanno che,stanchi e deboli come sono, non riuscirebbero mai a catturarla
c la considerano un loro simile

3 Il giovane alce riesce a sconfiggere l'enorme e potente avversario

a grazie alla sua maggiore agilità
b perché il vecchio alce perde una delle corna e viene preso dal panico
c per l'arrivo dei lupi che distrae l'avversario

4 «Venne il momento in cui il vecchio alce non si volse più...» significa che

a l'animale non si volta più a guardare gli inseguitori
b l'alce è stremato e sta per morire
c l'alce è così terrorizzato che guarda solo nella direzione in cui sta fuggendo

5 L'espressione «erano finiti i giorni del digiuno» significa che

a Kazan e Lupa Grigia hanno finalmente di che nutrirsi in abbondanza
b la temperatura è salita facendo uscire dalle tane i piccoli animali di cui i due lupi sono ghiotti
c Lupa Grigia si è finalmente decisa a ritornare a caccia

Analisi

I personaggi

1 La parte centrale del racconto è dominata dal combattimento tra i due alci. Riporta nella tabella le caratteristiche di ciascuno.

vecchio alce	
giovane alce	

2 Il vecchio alce viene nuovamente descritto dopo la sconfitta e in modo molto diverso da prima. Completa, scegliendo opportunamente le seguenti parole.

fianchi, signore, corpo, respiro, immobile, neve, re, testa, polmoni, rantolo, corno, sfida, grottesca, sangue, acqua, fango, invincibile

Il vecchio animale rimaneva ________________ in mezzo ad una pozzanghera di ________ che si allargava sempre di più nella ________ bianca; i suoi ________________ continuavano a sussultare e la sua ___________ massiccia e resa ________________ dalla mancanza di un ___________ si piegava sul petto.
Non era più il fiero ________________ delle vaste solitudini, ________________ per più di vent'anni. Il suo ________ si accasciava e l'aria di ________________ era scomparsa dai suoi occhi tristi, il ____________ era diventato un ___________ irregolare, perché un ______________ del giovane alce gli era penetrato fino ai ____________________.

Spunti per la produzione

Nel romanzo il vecchio alce è sconfitto. Ora riscrivi l'episodio del duello, immaginando che, invece, ne esca perdente il suo giovane avversario.

16. Allarme notturno

Comprensione

Segna con una crocetta la risposta che ritieni esatta.

1 Kazan è stanco e stremato,

a non riuscirebbe neppure a nutrirsi se Lupa Grigia non gli portasse dei piccoli bocconi di carne
b ma l'odore del sangue e della carne gli fa ritrovare subito vigore
c e si avvicina alla preda solo dopo che è stato spinto dalla lupa

2 Il gufo viene definito come «poca carne avvolta in una massa voluminosa di piume» perché

a la quantità di carne è decisamente inferiore a quella delle piume
b il gufo è molto spaventato ed ha sollevato penne e piume per proteggersi
c durante i mesi freddi i gufi aumentano il piumaggio per difendersi dal freddo

3 La lotta di Kazan contro gli ermellini è

a inutile, perché sono animali astuti e velocissimi
b inutile perché scavano nel terreno sotto il corpo dell'alce e, così nascosti, mangiano indisturbati
c lunga e difficile

4 I due lupi segnalano la loro presenza agli altri lupi perché

a hanno capito dai loro ululati che sono affamati e indicano loro la presenza di cibo
b chiedono aiuto contro tutti gli animali che minacciano il loro cibo
c ne sentono la necessità

Analisi

I personaggi

Finalmente Lupa Grigia e Kazan riescono a saziare la fame. Individua nel testo le espressioni che descrivono il loro atteggiamento nei confronti della preda, evidenziando somiglianze e differenze di comportamento.

somiglianze	differenze
Lasciano la preda completamente sazi Quando sentono il richiamo di altri lupi...	Kazan non ha neppure la forza di avvicinarsi all'alce, mentre Lupa Grigia....

Approfondimento

Arricchiamo il lessico

Collega con una freccia ogni parola in corsivo con il corrispondente sinonimo.

saziarsi	tranquillamente
succulento	affamati
famelici	pancia
ventre	ricco
placidamente	sfamarsi
lugubre	terrorizzante
appello	richiamo
sostanzioso	prelibato

17. Il combattimento

Comprensione

Rispondi alle seguenti domande.

1 Perché Lupa Grigia, al contrario di Kazan, è diffidente nei confronti dei nuovi arrivati?

____

2 Oltre all'atteggiamento di Kazan, che cosa ci fa capire che i lupi in realtà sono cani inselvatichiti?

____

3 Per quale motivo inizia la lotta tra Kazan e l'husky, capo della banda?

____

4 Con quale tattica Kazan riesce a sconfiggere e uccidere il rivale?

____

Analisi

I personaggi

1 In questo capitolo compare un nuovo pericolo per i due protagonisti. Descrivi sul quaderno il giovane cane maschio che Kazan deve affrontare.

2 L'atteggiamento del branco nei confronti del loro capo è ben diverso prima e dopo il combattimento. Metti a confronto i due comportamenti e poi commenta con parole tue.

	comportamento	**commento**
PRIMA		
DOPO		

18. La festa del Wild

Comprensione

Segna con un crocetta la risposta che ritieni esatta.

1 Gli altri cani del branco non osano toccare la preda prima di Kazan perché

a ne temono la reazione violenta
b lasciano che sia Lupa Grigia ad iniziare il pasto
c gli riconoscono il diritto di saziarsi per primo

2 L'unico motivo che trattiene Lupa Grigia dal fuggire lontano dalle tracce dell'uomo e della civiltà è

a la paura di non farcela da sola a causa della sua cecità
b il grande affetto che nutre per il compagno
c il desiderio di essere nuovamente madre

3 Kazan è indeciso se seguire la vita selvaggia o cedere al richiamo dell'uomo perché

a è per tre quarti cane e per un quarto lupo e spesso in lui i due istinti sono in contrasto
b in lui prevale sempre l'istinto del lupo
c è molto attratto dai ricordi della vita con gli uomini

4 La lista definitiva dei presenti alla stazione della Compagnia è stesa dopo che

a è finita l'epidemia di vaiolo
b le guide indiane hanno segnalato che le piste percorse dai cacciatori sono ormai deserte
c l'aumento della temperatura e lo scioglimento della neve rendono impraticabili i percorsi di accesso alla stazione

5 La festa è più bella del solito perché

a deve cercare di far dimenticare il terribile inverno e i lutti provocati dalla Morte Rossa
b la caccia è stata particolarmente ricca e non si bada a spese
c ricorre l'anniversario per i 50 anni di fondazione della Compagnia

6 Kazan torna da Lupa Grigia perché

a non può vivere senza di lei
b ha capito che ci sono già troppi suoi simili all'accampamento
c gli uomini, ancora una volta, lo prendono a frustate

Analisi

I personaggi e gli ambienti

1 Alla stazione convengono tutti i cacciatori della zona con le loro mute, composte da cani di diverse razze. Completa la seguente tabella.

razza canina	caratteristiche
cani ibridi	
hounds del Mackenzie	
cani del Labrador	
malamutes dell'Athabaska	
samoiedi	

2 Kazan è molto combattuto, non sa che cosa fare alla presenza dell'uomo. Finalmente decide di raggiungere l'accampamento, ma... Individua nel testo i punti che descrivono le azioni e il comportamento di Kazan e spiegali brevemente con parole tue.

azioni e comportamento di Kazan	tua spiegazione
Abbandona la pista perché...	
Esita e insiste con...	
Corre di nuovo verso la foresta...	

Spunti per la produzione

Rileggi la descrizione della festa della Compagnia, affollata e chiassosa. Sottolinea sul testo gli elementi che la caratterizzano e poi scrivi una tua descrizione.

19. Il figlio di Kazan

Comprensione

Rispondi alle seguenti domande.

1 Quali cambiamenti ha subìto il paesaggio della palude, dove Kazan e Lupa Grigia avevano abitato nel periodo della fame, e perché?

2 Che cosa succede a Kazan dopo l'incontro con il porcospino?

3 Perché Lupa Grigia viene definita «infermiera»?

4 Che cosa impedisce a Kazan di catturare una pernice oltre al coniglio?

5 Che cosa permette ai due lupi di non allontanarsi dalla tana per cacciare?

6 Che cosa provoca la sensazione di piena soddisfazione in Kazan?

Analisi

Gli ambienti e i personaggi

1 L'arrivo della primavera ha influito sull'ambiente, in cui si sviluppa il racconto. Individua almeno cinque elementi di questa trasformazione.

«*Il sole brillava nel cielo azzurro in* tutta *la bellezza della primavera*»

2 L'incontro con il porcospino ha un epilogo quasi comico per Kazan. Che cosa gli succede? Completa.

– Dopo l'incidente con il porcospino Kazan ha un pessimo aspetto: il suo muso ha infatti assunto la tipica "smorfia del porcospino" cioè

– Ma non solo l'aspetto di Kazan è mutato: anche il suo coraggio ha subito un duro colpo.

Infatti

– Se Lupa Grigia fosse stata un essere umano

Approfondimento

Arricchiamo il lessico

Aiutandoti con il vocabolario, spiega il significato dei seguenti verbi; poi componi un breve testo che li contenga tutti insieme.

affievolirsi ______________________________

crogiolarsi ______________________________

contorcersi ______________________________

____

____

____

____

____

Colleghiamoci con Scienze

Kazan incontra un porcospino (detto anche riccio). E se avesse incontrato un istrice? I due animali vengono confusi, ma nella realtà sono differenti. Raccogli informazioni su questi abitanti dei boschi e poi scrivine delle schede informative, meglio se corredate di immagini, almeno delle specie che vivono in Italia (puoi metterti in contatto con l'ufficio stampa di Parchi ambientali e con associazioni per la tutela dell'ambiente e del territorio). Se poi abiti in zone in cui vivono esemplari di questi animali, le tue informazioni saranno "di prima mano"...

20. L'educazione di Bari

Comprensione

Segna con una crocetta la risposta che ritieni esatta.

1 Kazan e Lupa Grigia sono molto protettivi con il loro piccolo perché

a i lupi sono molto apprensivi con i loro cuccioli
b sono rimasti colpiti dalla sorte della precedente cucciolata
c Bari è molto vivace e si mette sempre nei guai

2 Il nome Bari è

a un nome di fantasia dato dal narratore del racconto
b il nome che gli è stato dato dai genitori
c un nome indiano che significa "cane lupo figlio unico"

3 Bari capisce che non tutto intorno a lui è buono

a quando viene morsicato da un coniglio che aveva cercato di catturare
b dopo avere assaggiato delle bacche da cui Lupa Grigia gli aveva fatto capire di stare alla larga
c quando è sorpreso da un terribile temporale dopo aver ignorato i ripetuti richiami della madre

4 Dopo avere ucciso il *whisky-jack*, Bari

a torna festante alla tana per mostrare ai genitori la sua prima preda
b ha il muso ferito e sanguinante per le beccate
c è molto orgoglioso perché ha vinto la sua prima battaglia da solo

5 A mano a mano che Bari si allontana sempre di più da casa,

a Lupa Grigia è sempre più ansiosa e preoccupata
b le ansie di Lupa Grigia diminuiscono progressivamente perché è la legge della natura che porta i cuccioli cresciuti ad andare per la loro strada
c Kazan lo segue a distanza per cercare di proteggerlo da eventuali pericoli

Analisi

I personaggi

1 Il nuovo erede di Kazan e Lupa Grigia è descritto nei suoi primi passi nel mondo. Completa la tabella, indicandone le azioni.

tempo	azioni
Durante i primi tre giorni	
Il quarto giorno	
Non erano ancora trascorsi otto giorni	
A dieci giorni	
I giorni seguenti	

2 La descrizione del giovane protagonista di questo capitolo è accurata. Completa la seguente tabella, indicando le caratteristiche che rendono anche lui, come Kazan, sia lupo sia cane.

caratteristiche del cane	caratteristiche del lupo

3 La crescita di Bari non è solo una crescita fisica, ma passa attraverso una serie di esperienze che lo rendono autonomo e pronto ad affrontare da solo la vita del bosco. Ricerca nel testo le seguenti espressioni e completale con parole tue.

A uno a uno gli venivano rivelati ____________________

Prese coscienza del suo ____________________

Ogni giorno partiva ____________________

Di pari passo col suo cervello ____________________

[...] aveva vinto la sua prima ____________________

La caccia ____________________

[...] fu la sua prima sconfitta ____________________

[...] istintivamente sapeva ____________________

Venne infine un pomeriggio ____________________

Spunti per la produzione

Bari diventa presto adulto e lascia la tana dei genitori per affrontare da solo la vita. In un breve racconto narra i primi giorni della sua nuova esperienza.

21. Dente-Spezzato emigra con la sua famiglia

Comprensione

Rispondi alle seguenti domande.

1 Quale motivo spinge Kazan e Lupa Grigia a rimettersi in cammino e vagabondare per il Wild?

____

____

____

2 Perché nella regione non ci sono linci?

____

____

____

3 Chi è Dente-Spezzato e da che cosa deriva il suo buffo nome?

____

____

____

4 Qual è il motivo che induce Dente-Spezzato ad abbandonare la sua tribù e andare in cerca di fortuna?

____

____

____

5 Perché la lontra è la mortale nemica dei castori?

____

____

____

6 Quale tecnica usano i castori per abbattere gli alberi e costruire le loro dighe?

____

____

____

Analisi

I personaggi e gli ambienti

1 Il villaggio fondato da Dente-Spezzato nel tempo si è ingrandito. Indicane le caratteristiche, completando la tabella.

numero di capanne	abitanti	lunghezza della diga	cibo disponibile	caratteristiche capanna

2 Dente -Spezzato è un abile e intraprendente castoro che, con «intelligenza quasi umana», costruisce un vero e proprio villaggio. Completa lo schema, indicando in successione le azioni svolte da Dente-Spezzato e dai suoi castori.

azioni di Dente-Spezzato	azioni dei castori
Si ferma di fronte all'albero cavo	Fanno a gara a chi sale prima sull'isolotto e sull'argine
Si arrampica sulla riva	I piccoli ______
	Gli adulti ______

3 Utilizzando il testo di p. 147, confronta le informazioni generali su questo animale e quelle contenute nel romanzo relative a Dente-Spezzato.

Il castoro	Dente-Spezzato

Spunti per la produzione

Sulla base delle informazioni raccolte nell'esercizio precedente, scrivi una breve descrizione di Dente-Spezzato, evidenziandone l'intelligenza e le capacità.

22. La lotta contro gli invasori

Comprensione

Indica con una crocetta la risposta che ritieni esatta.

1 Kazan si stupisce quando, arrivando in prossimità della sua vecchia tana,
- a trova i castori al lavoro
- b vede un enorme stagno
- c avvicinandosi senza fare rumore allo stagno, è visto da Dente-Spezzato

2 Per Kazan e Lupo Grigia i castori
- a non sono più degli stupidi animaletti inoffensivi
- b non sono più semplici animali acquatici, immangiabili e puzzolenti
- c sono invasori del loro territorio e quindi nemici

3 Dente-Spezzato riesce a sfuggire al primo attacco di Kazan
- a grazie alla sua prontezza di riflessi
- b buttandosi subito in acqua
- c scivolando sotto il corpo di Kazan e riuscendo a buttarsi in acqua

4 Lupa Grigia sembra turbata di fronte ai piccoli corpi dei cuccioli di castoro uccisi dal suo compagno perché
- a si ricorda dei suoi piccoli uccisi dalla lince
- b l'istinto materno degli animali si manifesta nei confronti di tutti i cuccioli
- c sente i mugolii strazianti di mamma castoro e ne prova pietà

5 Kazan decide di giocare d'astuzia per attaccare i castori e
- a decide di aspettare la notte
- b attraversa il torrente a nuoto e, nascosto, ridiscende la riva opposta
- c finge di allontanarsi e studia meglio il territorio

6 Kazan si sente umiliato dalla sconfitta perché
- a per la prima volta nella sua vita ha avuto paura di morire
- b aveva sempre considerato i castori una razza inferiore
- c non ha saputo affrontare il nemico con la sua consueta astuzia di lupo

Analisi

I personaggi

1 Kazan non ha una grossa considerazione dei castori, anzi... Completa scegliendo gli aggettivi opportuni fra quelli proposti qui di seguito.

impauriti, coraggiosi, intelligenti, acquatici, bizzarri, normali, adatti, terrestri, numerosi, velocissimi

Kazan pensava a quegli esseri ________________ che aveva di fronte e che vivevano ugualmente bene sulla terra e nell'acqua. Non erano ________________ alla lotta, per quanto fossero ________________; fuggivano ________________ come conigli [...].

2 Kazan e Dente-Spezzato sono molto astuti e lo dimostrano in due momenti importanti della vicenda narrata in questo capitolo. Descrivi i due momenti (il lavoro è avviato).

– Kazan decide di attaccare l'accampamento dei castori passando sull'altra riva e cogliendoli di sorpresa. Infatti, lasciata ________________
____

– Dente-Spezzato stava lavorando senza posa alla costruzione e si accorge in ritardo di Kazan, che gli balza addosso, azzannandolo al collo. Il vecchio castoro conosceva però più di un trucco ________________
____

Approfondimento

Arricchiamo il lessico

Spiega le seguenti espressioni:

«non erano più ai suoi occhi semplici animali acquatici, coriacei e non commestibili» ________________

«aveva dei cedimenti sentimentali» ________________

«era questione di vita o di morte» ________________

23. La lontra scava un'apertura

Comprensione

Rispondi alle seguenti domande.

1 Qual è l'idea fissa di Kazan dopo che si è ripreso dallo scontro con Dente-Spezzato?

2 Quali sono i due terribili nemici di Dente-Spezzato e perché?

3 Che cosa pensa di fare Dente-Spezzato quando si accorge che l'acqua sta defluendo?

4 Chi è Oseki e quali azioni gli vengono attribuite?

5 Perché, dopo la morte della lontra, la situazione peggiora per i due lupi?

Analisi

I personaggi

1 La lontra non è un animale sanguinario, eppure è pericolosissimo per i castori: individua nel testo le sue azioni e le conseguenze e riportale nella seguente tabella con parole tue.

azioni	conseguenze

2 Il capitolo può essere diviso in quattro sequenze: riassumile brevemente seguendo la traccia.

La lotta dei lupi contro i castori	
La lotta della lontra conto i castori	
La lotta di Kazan contro la lontra	
Conclusione	

Spunti per la produzione

Kazan è finalmente riuscito a eliminare la pericolosa lontra, ma il capitolo si chiude sulla sconfitta di Kazan e Lupa Grigia che devono abbandonare il territorio. Avresti preferito un finale diverso? Prova a scrivere un finale dell'episodio a tuo piacimento.

24. La cattura

Comprensione

Rispondi alle seguenti domande.

1 Verso quali territori sono diretti i due lupi e perché?

2 Quale motivo induce molti cercatori d'oro a dirigersi verso il fiume Mac Farlane?

3 Chi è Sandy Mac Trigger?

4 Perché Kazan non cade nel tranello delle esche avvelenate?

5 Che cosa impedisce ai due lupi di accorgersi del pericolo che si sta avvicinando?

6 Che cosa scopre Mac Trigger non appena si trova vicino a Kazan?

Analisi

I personaggi

Ecco Sandy Mac Trigger, un nuovo personaggio. Le sue caratteristiche fisiche ne svelano spesso il carattere. Completa la seguente tabella.

caratteristiche fisiche	carattere

Approfondimento

Colleghiamoci con Storia e Geografia

1 Nel testo di p. 164 sono descritte le condizioni dei cercatori d'oro in California alla fine dell'Ottocento e le tecniche utilizzate per l'estrazione del prezioso minerale. Completa la tabella con le informazioni richieste.

anno	afflusso cercatori	valore del minerale estratto	valore in dollari di un'oncia d'oro	tecniche di estrazione
1848				
1849				
1850				
1852				

2 La febbre dell'oro negli Stati Uniti alla fine dell'Ottocento è un fenomeno noto e studiato; ma anche in alcune parti d'Italia, per un certo periodo, ci fu chi pensò di fare fortuna con la ricerca dell'oro. Insieme ai compagni e con l'aiuto degli insegnanti, trova delle notizie in merito a questa "febbre dell'oro all'italiana".

25. Il metodo di Sandy Mac Trigger

Comprensione

Segna con una crocetta la risposta che ritieni esatta.

1 Sandy Mac Trigger è un vero conoscitore di cani perché
- a nella sua vita di cacciatore del Wild ne ha conosciuti molti
- b sin da bambino ha avuto la passione per gli animali
- c ha trascorso in loro compagnia i due terzi della sua vita

2 Kazan non vede nulla al suo risveglio perché
- a è ancora stordito
- b ha il muso coperto da una maschera di sangue
- c è diventato anche lui cieco

3 Durante la lotta con Kazan Sandy
- a non è affatto sicuro di avere la meglio perché non ha mai incontrato un cane simile
- b teme di essere sopraffatto perché si è accorto che Kazan è un mezzo lupo
- c è sicuro di vincere perché ha dalla sua l'esperienza del vecchio cacciatore

4 Il metodo di Sandy è quello abituale dei domatori di cani:
- a picchiare l'animale fino a che questo obbedisce ogni volta che vede il bastone
- b fare capire che qualsiasi tentativo di ribellione è inutile e peggiora la situazione
- c picchiare l'animale ogni volta che disobbedisce

5 Il metodo di Sandy
- a non ottiene alcun risultato su Kazan, che continua a rifiutare il cibo
- b doma solo temporaneamente Kazan, che sta già pensando alla fuga
- c ha successo anche con Kazan, che diventa docile e non pensa più alla libertà

6 L'espressione «desidero che tu ritorni ad essere forte e feroce» fa capire che

a Sandy pensa di utilizzare Kazan per fare fortuna
b Sandy vuole vendere Kazan come cane da traino
c per Sandy, sa che di un cane debole e mansueto non serve a nulla

Analisi

I personaggi

La brutalità è l'elemento dominante delle azioni di Sandy, che provocano in Kazan reazioni sempre più deboli. Completa la seguente tabella.

azioni di Sandy	reazioni di Kazan
Costruisce una museruola	Cerca di drizzarsi in piedi
Lo tiene per il guinzaglio, sghignazzando	Digrigna i denti, ringhia minaccioso…
Raccoglie il bastone	Era riuscito a rizzarsi in piedi
Attacca Kazan ad una solida catena di acciaio	

Spunti per la produzione

Il supplizio dell'acqua è il sistema che induce definitivamente all'obbedienza Kazan: raccontalo con parole tue in prima persona, fingendo cioè di trovarti al posto del cane.

26. Il professor Weyman dice la sua

Comprensione

Rispondi alle seguenti domande.

1 Da che cosa è costituita la dieta di Kazan e perché?

____

2 Quali sono le intenzioni di Sandy nei confronti di Kazan?

____

3 Perché il pubblico chiede il rimborso del biglietto?

____

4 Chi impedisce ad Harker di uccidere il danese e perché?

____

5 Chi è Paul Weyman e perché compera i due cani?

____

Analisi

I personaggi e gli ambienti

1 Il ritrovo di Harker è trasformato in un'arena per il combattimento dei cani. Descrivi brevemente il luogo.

____

____

2 Il pubblico che assiste al combattimento è descritto attraverso un serie di azioni che ne indicano i desideri e/o gli stati d'animo. Completa.

azioni	desideri/stati d'animo
Arrischiano il loro denaro con scommesse	Sperano di arricchirsi
Aspettano il combattimento	Vogliono passare una serata diversa
Ridono con scherno	Sono infastiditi dall'attesa
Si esprimono con frasi volgari	

3 I due cani dimostrano più "buon senso" degli uomini (anche) in questa occasione. Spiega con parole tue il significato delle seguenti espressioni.

«quel cane, che non conosceva, gli era indifferente»

____

«il grosso danese volse il suo sguardo verso le facce di bruti che lo circondavano e sembrò esaminarle con curiosità»

____

____

«il patto di pace era stato reciprocamente firmato fra i due campioni che [...] sembrarono guardare sdegnosamente [...] la folla di nuovo furiosa»

____

____

Spunti per la produzione

Immagina di essere Paul Weyman: come ti saresti comportato? Immedèsimati nel personaggio, riscrivendo a tuo piacimento (naturalmente in coerenza con la storia) gli episodi che lo vedono protagonista in questo capitolo.

27. Sola nella sua cecità

Comprensione

Segna con un crocetta la risposta che ritieni esatta.

1 Lupa Grigia aspetta fiduciosa il ritorno di Kazan in quanto
- a) non ha visto nulla di quanto è accaduto
- b) il suo compagno è sempre tornato da lei
- c) non conosce la crudeltà di Mac Trigger

2 Lupa Grigia viene presa da una gran paura perché
- a) non è in grado di cacciare, non può mangiare e comincia a sentirsi sempre più debole
- b) si rende conto che da sola non ha possibilità di sopravvivere
- c) si sta avvicinando un terribile temporale

3 La lupa non riesce a staccarsi dal fiume perché
- a) è l'ultimo luogo dove ha visto Kazan
- b) sente ancora qualche traccia del suo odore
- c) è attratta dall'odore del sangue ancora presente sul terreno

4 Finalmente Lupa Grigia riesce a sfamarsi grazie
- a) ai resti di un coniglio che lei e Kazan avevano nascosto
- b) alla squisita carne delle conchiglie a pettine
- c) ad alcuni frutti e alla corteccia di un albero che trova sul suo cammino

Approfondimento

Colleghiamoci con Geografia

Nel testo a p. 182 hai fatto la conoscenza con i fiumi dell'estremo Nord americano dove si svolgono le vicende narrate. Individuali e seguine il corso su una carta geografica.
In particolare, scegline uno fra quelli nominati e raccogli dati, notizie, caratteristiche, curiosità sul suo percorso.

28. Come Sandy Mac Trigger trovò la fine che meritava

Comprensione

Segna con un crocetta la risposta che ritieni esatta.

1 Il professor Weyman è certo che Kazan sia lo stesso animale che aveva già conosciuto tempo prima perché

a ha riconosciuto alcune cicatrici sul suo corpo
b Sandy gli ha raccontato della sua cattura e della fuga della lupa che si trovava con lui
c è un profondo conoscitore degli animali e si sbaglia raramente

2 Quando Sandy arriva in visita dal professore, Kazan diventa furioso perché

a non potrà mai dimenticare i terribili maltrattamenti subìti
b sa che è crudele e che non ci si può fidare di lui
c teme di essere riportato in città

3 Il momento più triste del giorno per Kazan è

a l'alba, perché sa che sta per iniziare un nuovo giorno in cattività
b il tramonto, perché è assalito da un irrefrenabile desiderio di libertà
c ogni momento del giorno è triste per la libertà perduta e il rimpianto per l'assenza di Lupa Grigia

4 Prima della partenza il professore manda il suo domestico a Red Golden City

a perché faccia gli ultimi acquisti e goda di un giorno di libertà
b per verificare la disponibilità delle provviste e prendere accordi con Mac Trigger
c per spedire e ritirare la posta

5 Kazan si accorge del pericolo rappresentato da Mac Trigger e, nonostante sia legato alla catena,

a prende lo slancio e riesce a saltare alla gola del bandito, ferendolo
b riesce a fare cadere Mac Trigger svegliando Weyman con un gran baccano
c riesce a strapparla e a uccidere Sandy

Analisi

I personaggi

1 Facendo riferimento anche alle descrizioni precedenti, indica le caratteristiche fisiche e di carattere di Kazan e del danese.

	caratteristiche fisiche	carattere
Kazan		
Il danese		

2 Sandy Mac Trigger si reca spesso a far visita al professore, fingendo disinteresse, ma in realtà fa un sacco di domande. Che cosa chiede e perché?

domanda	motivo
Quando partirete?	Vuole conoscere anticipatamente i programmi del Professore
Come viaggerete?	
Porterete anche i cani?	
Quanto costano i viaggi?	
Allora partirete proprio tra otto giorni?	

3 Sin dall'inizio del capitolo si intuisce che Mac Trigger è un poco di buono e ha pessime intenzioni. Individua nel testo gli indizi che lo rivelano e completa le frasi riportate.

Con un pretesto o con un altro Mac Trigger andava ____________________

____

Sandy accese la pipa e ______________________________________

Se ne andò, mentre un sorriso sinistro _________________________

Credo che quest'uomo _______________________________________

Una forma scura ____

Kazan non tardò a riconoscere ________________________________

Questa volta Mac Trigger non aveva in mano né frusta né bastone, ma...

avanzava cauto, ____

Fece il giro ____________________ preparandosi ____________________

Spunti per la produzione

Eccoti giunto alla fine della storia. Prima di leggere il capitolo 29, scrivi tu un finale a tuo piacimento, che poi confronterai con quello del romanzo.

Si può fare una lettura pubblica, davanti a tutta la classe, dei finali scritti da ognuno di voi, facendo giudicare da una apposita giuria, o per voto di maggioranza di tutta la classe, a scelta:

– o il più bello (dal punto di vista sia del contenuto sia dello stile)
– o il più in linea con lo stile del romanzo
– o il più originale e imprevedibile
– o secondo altri criteri a piacere

29. Il richiamo del Sun Rock

Comprensione

Segna con una crocetta la risposta che ritieni esatta.

1 Kazan si dirige verso il fiume e comincia a risalirne il corso
- a sperando di raggiungere al più presto Lupa Grigia
- b obbedendo a un desiderio di libertà che aveva dovuto soffocare durante la cattività
- c perché ripercorre l'ultimo cammino che aveva fatto dopo la sua cattura

2 Quando Kazan giunge al luogo dove Dente-Spezzato aveva completato l'opera che lui aveva cercato di ostacolare
- a è profondamente deluso perché sperava di incontrare Lupa Grigia, ma invano
- b gli viene in mente la spiacevole avventura con i castori
- c è confortato dall'avere ritrovato un ambiente conosciuto

3 Chi sono l'uomo e la donna che risalgono il fiume sulla piroga?
- a Joan, Pierre e la loro bambina
- b Joan con il marito Paul Weyman e la piccola Janet
- c Joan con marito e figlia

4 La capanna che era stata l'abitazione della coppia è
- a in evidente stato di abbandono
- b ancora in buono stato
- c appena stata rimessa in ordine

5 Mentre Joan si chiede dove si trovi il suo vecchio amico Kazan
- a sente in lontananza il suo ululato
- b compare nell'ombra una forma che si rivela poi essere proprio Kazan
- c arriva scodinzolando Kazan accompagnato dal grosso cane danese

6 Gli ululati che si sentono in lontananza sono
- a le voci di Lupa Grigia e Kazan che si sono ritrovati
- b gli ululati di Lupa Grigia che chiama Kazan e teme che rimanga definitivamente con gli uomini
- c le voci dei lupi della foresta

Analisi

I personaggi

1 Kazan fugge dopo avere ucciso il perfido Mac Trigger e va alla ricerca di Lupa Grigia, ma prima deve superare alcune difficoltà. Completa le frasi.

Al sorgere del sole ______________________________

Ma Lupa Grigia ______________________________

Per parecchie volte, rinnovò ____________________ il suo richiamo.

Subito pensò ______________________________

Correva ______________________________

____

____

____

2 Kazan non solo riesce a ritrovare Lupa Grigia, ma inaspettatamente incontra di nuovo Joan. Descrivi brevemente il loro insperato incontro.

____

____

____

____

____

Spunti per la produzione

Adesso conosci tutta la storia di Kazan.

Scrivi una lettera ad un amico o ad un'amica, consigliandogli/le la lettura del romanzo. La lettera deve contenere una breve sintesi della vicenda (circa 100 parole) e argomentazioni tali da invogliare il destinatario/la destinataria alla lettura. Questa prova vale anche se... il libro non ti è piaciuto: in questo caso gli/le sconsiglierai la lettura, con valide argomentazioni!

INDICE